DU VÉRITABLE GOUVERNEMENT CONSTITUTIONNEL

ET DU DROIT DES PEUPLES,

PAR

J. B. RICHARD DE RADONVILLIERS,

Auteur de l'Enrichissement de la Langue Française,

DICTIONNAIRE DE MOTS NOUVEAUX (1).

Prix : 25 centimes.

Chez PILOUT, Libraire, rue de la Monnaie, 24,

Et chez tous les Libraires de Paris.

____

(1) Ce DICTIONNAIRE se vend chez PILOUT, Libraire, rue de la Monnaie, 24, au prix de 1 fr. 40 c.

DU

VÉRITABLE GOUVERNEMENT CONSTITUTIONNEL

ET

DROIT DES PEUPLES,

PAR

J.-B. RICHARD DE RADONVILLIERS,

AUTEUR DE L'ENRICHISSEMENT DE LA LANGUE FRANÇAISE, DICTIONNAIRE DE MOTS NOUVEAUX.

Avant tout, je préviens mes lecteurs qu'il n'est pas dans ma volonté de me livrer à rien de censural contre les actualités de différents peuples, actualités qui peuvent se réformer d'un jour à l'autre, ni d'entrer dans des allusions, dans des inductions, dans des insinuations perturbatrices d'ordre. Je n'écris ni par passion, ni par esprit de parti, et je n'ai d'autre but que celui d'établir et de discuter de grands principes généraux d'action sociale et politique qui me paraissent propres à différentes nations, sans intention acceptionnelle. Pour m'éclairer je me suis sans doute attaché à des faits; mais je n'ai étudié que ceux qui appartiennent maintenant à l'histoire, soit par la modification des choses, soit par la chute des gouvernements, soit par la mort des princes.

Il n'y a pas une nation sans gouvernement et il ne peut y en avoir; parce que partout il n'y a qu'un gouvernement qui puisse faire agir, qui puisse pondérer tous les ensembles sociaux, et qui puisse utiliser leur action pour le bien de tous. Un gouvernement a comme l'homme ses aveuglements, comme l'homme il peut errer, agir mal, même avec les meilleures intentions. S'il persiste dans ses aveuglements, dans ses erreurs et dans ses travers, il mérite le blâme et encoure son renversement; mais s'il se réforme utilement pour sa nation, il mérite toutes les reconnaissances individuelles et publiques.

Un gouvernement né d'un principe doit rester à ce principe, et s'il en sort, ou s'il lui donne des extensions abusives, il cause son renversement et le hâte; car c'est

1844

de là que naissent les révolutions qui les frappent. Un gouvernement peut sans doute toujours améliorer son action au profit de la nation ; mais il ne peut ni ne doit jamais changer les bases constitutives, ce droit appartient à la nation seule. Le meilleur gouvernement est celui qui ne peut agir que par et selon le besoin et le droit des peuples.

Si le système de gouvernement d'un état est purement et absolument démocratique, ou s'il est monarchique constitutionnel représentatif ; l'action gouvernementale devra toujours être dans l'exclusif intérêt du pays, ce gouvernement ne devra jamais actionner que par l'exclusive volonté du pays ; et, s'il en est autrement, le principe démocratique et celui représentatif seront faussés, et il n'y aura plus dans l'état qu'anarchie ou tyrannie.

Sous un gouvernement absolu, l'action publique, le concours national sont nuls, l'action et la volonté d'un seul paralysant tout. Mais il n'en est pas ainsi sous un gouvernement purement démocratique ou sous un gouvernement monarchique constitutionnel représentatif. Là, l'action nationale, la volonté générale sont tout et font tout ; parce que là, tous les citoyens gouvernent par eux et pour eux ; parce que là, le monarque doit s'incliner devant la souveraineté du peuple, ne peut sortir de la nationalité de laquelle seule il tient un grand pouvoir dans l'état, doit obéir à l'opinion et à la volonté publique qu'il ne peut affronter ni heurter sans causer une révolution qui le renverse et qui annule toutes les conventions arrêtées entre la nation et le prince.

Un gouvernement absolu veut passive soumission des peuples, et toutes ses vies ne sont que dans cette soumission au moyen de laquelle le prince fait peser sur la nation tous les jougs du despotisme royal et souvent ceux de la plus tyrannique volonté.

Un gouvernement purement démocratique veut l'entière indépendance politique des citoyens, veut la liberté, veut en tout l'action de tous, et impose même cette action, veut intelligence, impartialité, dévouement à la chose publique chez tous ; parce que ce n'est que là qu'il puise son vitalisme social, parce que ce n'est que là que sont pour un peuple sous ce système de gouvernement, toutes les vies, toutes les durées de liberté, de grandeur, de gloires et de prospérités nationales.

Un gouvernement monarchique constitutionnel représentatif veut limitation du pouvoir du prince, veut liberté générale, action législative par des mandataires ou
députés nommés par le peuple ou par des électeurs cen-
sitaires ou désignés par le peuple, veut complète indépendance parlementaire, veut chez tous le sentiment
national, toute la grande intelligence et l'invariable conscience de l'intérêt général, veut désintéressement,
loyauté, invénalité, honneur, énergie de caractère chez
l'électeur et chez le député ; veut la plus impartiale action gouvernementale, veut que toute action politique,
administrative exécutive s'harmonie sans cesse avec
l'intérêt général, ait toujours un grand et véritable
caractère national. Hors de toutes ces exigences qui
veulent franche et entière satisfaction, ce système de
gouvernement, qui sera probablement celui préféré par
tous les grands états, deviendra le plus mauvais et le plus
funeste pour une nation.

Il résulte donc que par la nature de la forme et du principe d'action de ces gouvernements, que celui absolu qui
repousse toute espèce d'action démocratique, qui veut
l'inconcours de la nation, ne se vitalise et ne dure que
par la plus entière dépendance des peuples, que par la
passive soumission et la subjugation des peuples, que
par un tyranisme interdictif de tout progrès aux peuples :
que celui purement démocratique ne se maintiendra que
par toutes les grandes et incessantes ententes des citoyens, que par l'énergique activité des citoyens et la
haute intelligence publique, que par toutes les grandes
vertus républicaines, que par tous les grands enthou-
siasmes de la liberté : que celui monarchique constitutionnel représentatif ne se vitalisera et ne stabilisera sa
durée et tous les ordres publics que par une grande et
incessante nationalité d'action, qu'en entrant grande-
ment, franchement, exclusivement dans tous les intérêts généraux, qu'en inviolant les lois, qu'en impré-
varicant, qu'en respectant le corps électoral, celui des
représentants, qu'en ne corrompant point ni les électeurs
ni les députés, qu'en sauvegardant la liberté, qu'en s'é-
tayant de l'action parlementaire, qu'en ne heurtant point
l'opinion publique, les majorités et la volonté générale :
car, si ce gouvernement monarchique constitutonnel représentatif lutte contre les principes qui l'ont érigé,

contre la majorité , contre la volonté publique ; s'il ne devient fort que par l'astuce, le prévaricisme et le corruptisme , il causera une grande irritation nationale , il amènera une révolution qui le pulvérisera.

Pour agir, il faut à un gouvernement force matérielle et force morale ; ces deux forces ne peuvent gouvernementalement rien l'une sans l'autre et si elles s'isolent. Elles doivent toujours s'harmonier ; et si elles s'inharmonient , c'est alors que naissent des irritations publiques , des partis qui , par leurs luttes, changent le principe constitutif du gouvernement ou renversent ce gouvernement. Partout la force matérielle est la même ; mais il n'en est pas ainsi de la force morale qui se lie aux mœurs de la nation , mœurs qui ne sont pas partout les mêmes , et qu'un gouvernement ne brave jamais impunément.

Tel gouvernement que ce soit ne peut bien fonctionner et ne pourra se vitaliser ni durer s'il sort du principe qui l'a érigé, s'il n'a pour lui toutes les forces de ce principe et s'il cherche ailleurs que là ses moyens d'action et sa vitalité. Ainsi, un gouvernement absolu ne devra jamais sortir de l'action de l'intérêt privé , de l'arbitraire; parce que c'est l'intérêt privé et l'arbitraire qui l'ont érigé ; et dans nombre de cas , de circonstances , et sous peine de renversement , il devra même pousser cette action jusqu'au plus jougant despotisme , au tyranisme , et c'est ce qui rend ce système gouvernemental odieux aux peuples aussitôt qu'ils conçoivent leurs droits publics , nationaux , aussitôt qu'ils comprennent la liberté et en sentent le besoin. Ainsi, le gouvernement purement démocratique tombra de lui-même aussitôt que les grandes ententes publiques cesseront de s'harmonier, aussitôt que les intérêts généraux varieront , aussitôt que cessera l'action des grandes vertus patriotiques ; parce que ce gouvernement sera hors son objet primitif, parce que le démocratisme n'aura plus toutes ses vies et aura dégénéré dans son action. Ainsi, le gouvernement monarchique constitutionnel représentatif, qui n'est autre chose qu'une démocratie tempérée, ne devra pas sortir de l'action nationale, ni heurter, ni braver , ni travestir, ni chercher à corrompre cette action ; parce qu'il est né d'elle, et que la heurtant, la bravant, la travestissant et la corrompant , il provoque sa répulsion.

Il ne devra pas abandonner l'intérêt général pour celui privé, parce que c'est l'intérêt général qui l'a érigé pour lui-même contre les égoïsmes d'intérêts particuliers renversés. Il devra recevoir toutes ses impulsions des majorités nationales, et ne devra agir que par ces majorités, qu'au nom de ces majorités ; parce qu'elles seules le font fonctionner, le maintiennent et le vitalisent : car, ce mode gouvernemental ne reçoit point du prince sa force et sa vie, mais de l'harmonie, de la puissance des majorités parlementaires et nationales , de la confiance publique. Il devra respecter toute la liberté parlementaire et ne jamais l'entraver, parce que c'est la parlementarité qui l'éclaire et lui fournit toutes ses rectitudes constitutionnelles. Et ce même gouvernement devra toujours et en tout obéir à l'opinion publique ; parce que dans un état libre, soumis au régime constitutionnel représentatif, c'est l'opinion publique qui dirige tout, qui impulse tout, qui fait tout, et qui lui donne toute la force morale qui lui est nécessaire et sans laquelle il ne peut rien ni pour l'état ni pour lui-même.

Je viens de dire que le gouvernement monarchique constitutionnel représentatif ne recevait sa force et sa vie que des majorités, que de la puissance des majorités parlementaires et nationales , que de la confiance de la nation. Cette vérité est évidente pour tous, étant la base fondamentale de ce système gouvernemental , et hors d'elle il y a nécessité de révolution pour la nation ; parce que hors de ce principe il y a de la part du gouvernement frustration du droit public, de liberté, conséquemment tyrannie. J'irai plus loin : je dirai que si sous ce système gouvernemental un roi persiste à garder un ministère dont les systèmes administratifs et politiques blessent la nation , des ministres honnis par la nation ; ce roi fait abus de pouvoir , de possibilité constitutionnelle contre lui-même , parce qu'il appelle contre lui toutes les méfiances et toutes les irritations nationales.

Je viens de dire encore : majorités parlementaires et nationales, et ce n'est point sans intention ; car si la majorité parlementaire n'entre point en tout dans la grande opinion du pays , si elle ne rend pas tout le désir du pays, si, en un mot, elle n'est pas en tout l'expression du pays , si elle n'a pas toutes les sympathies du pays ; cette majorité ne peut donner ni force ni vie au gouvernement

constitutionnel , parce qu'elle a contre elle-même la réprobation du pays.

On me dira sans doute que la majorité dans une
chambre des députés du pays, élus par le pays, ne peut
jamais être en désaccord avec le pays, ne peut jamais
être que l'expression du pays , et ne peut rendre que
l'intention, le but et la volonté du pays. Je répondrai :
Si le corps électoral présente un nombre d'électeurs en
rapport avec la population de l'état, si ce corps électoral
est infractionné , s'il n'est pas sous l'influence des fonctionnaires , des agents du gouvernement, et s'il n'est pas
sous l'influence d'un coterisme local , si l'action de ce
même corps électoral est toujours et constamment indépendante et nationale ; oui, la majorité parlementaire sera
l'expression du pays, représentera la volonté du pays, et
cette majorité donnera toujours au gouvernement constitutionnel la force et la vie qui lui seront nécessaires
pour le pays et pour la royauté constitutionnelle elle-
même ; parce que cette majorité aura toutes les vies nationales, sera l'œuvre nationale, de la conscience publique,
et alors la nation n'insanctionnera pas et devra toujours
sanctionner l'œuvre de cette majorité. Mais si le corps
électoral présente un faible nombre d'électeurs, hors
de proportion avec la population ; s'il peut être impulsé
par les fonctionnaires, par les agents du gouvernement;
si ce corps électoral est fractionné, s'il est en proie à d'incessantes intrigues gouvernementales ou de partis , s'il
est sous l'influence d'un coterisme local, si ce même corps
électoral n'est en grande partie composé que de grands
propriétaires, que de citoyens dominés par leurs intérêts
privés, et si enfin il peut y avoir action partiale dans les
colléges électoraux : si, de son côté, le gouvernement peut
tourmenter, fatiguer, intimider, corrompre des députés,
peut faire planer une grande vénalité sur le corps des
représentants, peut, en un mot, soit par les électeurs, soit
par la faiblesse ou la cupidité des élus, se créer une majorité ; la majorité parlementaire ne donne plus ni force
ni vie au gouvernement constitutionnel ; parce qu'elle
est sans vie nationale , parce qu'elle est hors de la conscience constitutionnelle, parce qu'elle n'appartient point
à la nationalité et n'émane pas d'elle, parce qu'elle n'est
que majorité ministérielle et non nationale, parce qu'elle
aide le gouvernement à fonctionner plus monarchiquement

que nationalement , parce que , comme je l'ai déjà dit , elle a contre elle toutes les réprobations nationales ; et cette même majorité , au lieu de donner force , vie et durée au gouvernement constitutionnel, elle pourra opérer le renversement de ce gouvernement par les possibilités d'action inconstitutionnelle qu'elle lui donnera.

Qu'est-ce qu'un gouvernement constitutionnel représentatif? C'est la mise en action de la volonté générale exprimée par les majorités parlementaires. Mais il faut que ces majorités soient nationales, il faut qu'elles naissent du sentiment, de la conscience, de l'action nationale ; et si elles naissent de l'influence du gouvernement , d'une grande corruption gouvernementale , elles faussent le gouvernement et son action ; par elles, le gouvernement heurte la volonté générale , et dès-lors il provoque tout contre lui : et ce gouvernement consulte toujours mal le pays par une dissolution de la chambre élective, lorsqu'il ne consulte ce pays que par des colléges électoraux peu nombreux, fractionnés, influencés par l'égoïsme , par le coterisme local, tourmentés par des fontionnaires obligés d'agir pour le gouvernement ou par peur ou par espoir d'obtention d'avancement ; parce qu'alors ce même gouvernement retrouve sous d'autres noms la même innationale et complaisante majorité qui viendra paralyser ou étouffer les courageuses luttes d'une minorité nationale s'appuyant sur les sympathies du pays.

Pour se vitaliser et pour durer , un gouvernement monarchique constitutionnel représentatif n'a que deux routes à suivre : c'elle de l'ordre constitutionnel toujours sévérisé, et celle de l'action nationale en tout et partout. Il n'a que ce moyen d'action : par la constitution , en vertu de la constitution de l'état ; par l'intérêt général , pour l'intérêt général ; par la volonté générale, en vertu de la volonté générale ; et il ne doit jamais s'écarter de cette maxime : impartialité, équité et honneur. Mais s'il sort de l'ordre constitutionnel, de l'action nationale pour entrer dans l'ordre monarchique et dans l'action dynasique , s'il sort de la constitution, de l'intérêt général, et s'il refoule la volonté publique pour entrer dans l'illégalité , dans l'intérêt privé, dans la volonté royale; il sarifie tout au despotisme et s'érige en gouvernement absolu : s'il renonce à l'impartialité, à l'équité, à l'honneur pour entrer dans des voies de corruption et de vénalité, et s'il se fait un grand et puissant moyen d'action de cette corruption et de cette vénalité ; il devient le pire des gouvernements, il est gouvernement immoral, et il succombe par la corruption et le vénalisme qui l'auront fait fonctionner ; parce qu'il amènera toutes les licences les plus effrénées, la dépravation de tout et la sienne propre ; parce qu'il amènera l'anarchie, toutes les sortes de dévergondages politiques et sociaux ; parce qu'il fera peser sur la nation, des jougs, le déshonneur, la honte et le crime.

Quand un peuple libre tolère à son prince, à ses gouvernants, l'action et les moyens de l'intrigue, de la corruption et de la vénalité, quelques abus de pouvoir, quelques directs ou indirects attentats à la liberté ; ce même peuple tombe sous l'avanisme gouvernemental, n'a plus à attendre de son prince, de ses gouvernants, qu'une action avanique, et de plus en plus il reçoit le coup de cette action jusqu'à ce qu'il ait réformé ou renversé le prince ou les gouvernants.

Un peuple ne doit jamais désirer la jouissance d'une liberté ni une action de liberté particulière compromettante, parce qu'il y aurait tôt extinction de liberté par l'abus auquel donnerait lieu cette même liberté et cette même action. Si une liberté particulière, quoique se rattachant à la liberté générale, doit amener un abus de choses, des troubles, des collisions, peut tomber dans le domaine de l'intrigue, ou peut être exploitée par l'ambition et l'égoïsme de grands corps sociaux religieux ou politiques ; ce même peuple fera toujours mieux de se priver de cette liberté particulière, parce qu'elle pourrait devenir une cause d'anéantissement, d'étouffement de la liberté générale : ou s'il la veut absolument, il devra en interdire la jouissance et l'usage aux corps sociaux religieux ou politiques qui, par leurs tendances pourraient en faire abus au moment même ou par suite des temps.

J'ai dit et j'ai répété ailleurs, que la liberté était un besoin pour chaque peuple aussitôt qu'il se civilise et aussitôt que dans son sein un grand nombre de citoyens conçoivent et comprennent leur importance sociale, celle de leur action publique et politique ; parce qu'alors la liberté est comprise, parce qu'alors la liberté développe et éclaire les intelligences, dirige vers les buts : et cette liberté est d'autant plus nécessaire à une nation qu'

progresse, qu'elle seule vitalise socialement tout, et que
ce n'est que par elle que les différents états entrent dans
les grandes et utiles ententes sociales et humaines, et que
ce n'est que par elle que les différents peuples se placent
dans les belles et honorables sphères sociales, politiques,
et entrent dans cette magnifique grandeur nationale qui
amène leur prospérité et leur gloire. Oui, et je le répète
encore, un peuple n'est rien sans la liberté, sans elle il
ne présente qu'une agglomération humaine asservie,
triste, appauvrie et dégradée, et il n'est qu'esclave abruti
et déshonoré quand il rampe sous le despotisme d'un
prince, sous l'action jougante d'une aristocratie, d'une
théocratie, et lui-même est l'artisan de ses misères et de
ses hontes quand il leur reste soumis, quand il les vénère
ou les craint. Par une rampante soumission au despotisme, par l'esclavage, par sa docilité sous une grande
action gouvernementale aristocratique, théocratique qui
le comprime, le subjugue et le misèrise; un peuple n'est
socialement et nationalement rien, il n'est qu'aggloméra-
rativement et domestiquement cerf. Mais par la liberté
il s'heuréise et grandit et s'élève, il devient tout et peut
tout pour son bonheur, pour son honneur et pour sa
gloire; parce que la liberté seule satisfait à tous les besoins
moraux et physiques d'une nation, elle seule stabilisant
durablement tous les différents ordres publics, toutes les
harmonies sociales, développant et encourageant toutes
les hautes intelligences, toutes les sortes d'industries,
et parce qu'elle féconde tout au profit des peuples, pour-
suivant et renversant tous ces maîtres ambitieux et avi-
des qui s'emparent de tout et qui ne considèrent les autres hommes que comme faits pour leur obéir et les ser-
vir, que comme faits pour se courber sous leur despotique
volonté et pour respecter leurs flétrissants caprices. Priver un peuple de tout ou de partie de sa liberté, lui imposer seulement même une limitation de liberté, est une
grande forfaiture gouvernementale, politique; parce
que c'est le priver de tout ou de partie de cette grande
vie sociale de bien-être et d'honneur à laquelle il a plus
droit que ses privateurs; et lui arracher cette liberté,
c'est attenter au droit naturel de tous, c'est attaquer les
hommes et les civilisations, et c'est provoquer contre
soi-même toutes les sortes de vindictes nationales : et si
dans sa justice un peuple ne frappe ceux qui usurpent

tout sur lui, qui veulent étouffer sa liberté, s'il ne frappe ses oppresseurs et ses tyrans; il se condamne à porter les jougs les plus tyranniques, et n'arrivera jamais à la jouissance du grand droit social libéral des nations.

Dans l'état de besoin des nations civilisées ou en voie de civilisation, dans celui de tendance, de passions humaines et d'orgueils humains; il y a pour les peuples nécessité de graviter vers leur indépendance sociale et politique, et il y a but, intention occulte ou avouée dans les pouvoirs royaux, dans l'action aristocratique, théocratique, de lutter contre cette indépendance générale et d'étouffer ou petit à petit ou tout d'un coup l'immense action de la liberté, d'anéantir cette si nivelante égalité publique qui sape tous les priviléges de naissance ou de fortune, tous ces si spoliatifs envahissements sociaux, faisant planer sur une nation et l'appauvrissement, et la misère, et la servitude et la tyrannie. Un peuple ne doit donc pas seulement chercher à acquérir la liberté sans laquelle il n'est rien et ne peut rien, ni pour son présent ni pour son avenir; mais encore il doit toujours fonder inattaquablement cette indépendance et cette liberté, il doit toujours les sauvegarder, lutter constamment, persévéramment et courageusement contre tout ce qui les menace ou peut les menacer un jour, et contre tout ce qui peut par suite leur porter des atteintes quelconques.

Une nation comprimée par un pouvoir gouvernemental le plus despotique et le plus tyrannique, fort de lui-même, fort par les habitudes, fort par une aristocratie ou une théocratie puissantes, fort par la corruption et la vénalité qu'il propage, fort par l'ignorance générale, même fort par la misère publique, et faisant le plus impunément abus de son autorité et de sa force, de tous ses moyens de subjugation; peut toujours briser facilement tous ses jougs et passer de la servitude à la liberté. Pour cela, il ne lui faut qu'une volonté forte, qu'une grande et énergique spontanéité d'action; et quand un peuple le veut fermement, il a bientôt recouvré sa liberté; parce que nulle puissance humaine dans un état ne peut lui résister quand il lui oppose une courageuse entente, une indissoluble harmonie. Mais si un peuple peut facilement recouvrer sa liberté, la conservation et la consolidation de cette liberté ne lui sera pas aussi aisée, surtout si en

son sein il y a de grandes sommités sociales, beaucoup
d'hommes puissants, des corps politiques ou religieux
intéressés à son renversement ou à sa grande limitation,
et surtout encore, si ce peuple laisse à ces sommités, à
ces hommes, à ces corps, à de grands intérêts une action
qui puisse par suite lutter avec succès contre cette même
liberté ; parce que ces mêmes sommités, ces mêmes hommes, ces mêmes corps, ces mêmes intérêts finiront toujours par la dominer, par l'étouffer : car, où il y a force,
puissance et action d'intérêts privés, ligués contre un intérêt général insoutenu et indéfendu, il y a cause et activité de destruction de ces mêmes intérêts : et qu'un
peuple sache que c'est souvent au nom de la liberté que
de grands pouvoirs, que de grands corps sociaux, politiques ou religieux lui ravissent tout ; parce que c'est
souvent sous le prétexte d'action de liberté, d'extension
de liberté pour tous qu'ils amènent une contre-action de
liberté, et l'on voit souvent des hommes qui, pour étouffer la liberté, veulent lui donner une perfide illimitation
et propagent sa licence.

Comment une nation parviendra-t-elle à conserver, à
consolider son entière liberté? en maintenant et en imposant en tout et partout sa grande et souveraine action ;
en entrant dans toutes les exigences, dans toutes les ra-
tionalités, dans tous les ordres sans lesquels la liberté
n'est jamais bien vitalisée ; en énergisant toutes ses per-
sévérances et toutes ses résistances au profit de la liberté ;
en consacrant chez elle le principe de la souveraineté du
peuple; en exigeant que tout émane de cette souveraineté,
et en ne souffrant ni en ne tolérant rien qui sait contraire
à son action; en imposant à son gouvernement la plus indépendante liberté parlementaire; en adoptant le plus lar-
ge électoralisme, en voulant que le corps électoral ait une
force numérique en rapport avec la population de l'état,
en exigeant que ce corps électoral ne puisse devenir une
aristocratie dans l'état par l'exclusive admission de la fortune et par l'inadmission de toutes les capacités incensi-
taires, et en exigeant que les collèges électoraux soient dé-
partementalement centralisés, infractionnés, ne soient pas
placés sous l'influence des fonctionnaires de petites villes,
de bourgades, d'un cotérisme local; en ne permettant chez
elle rien d'aristocratique ni de théocratique ; en empê-
chant l'extension de pouvoir du prince et en impossibi-

lisant l'action d'une corruption, d'une vénalité, d'une direption gouvernementale : en établissant chez elle une entière, complète et rigoureuse égalité publique, de manière à ce qu'aucune action sociale, politique ne soit privilégiaire par naissance ou fortune, à ce qu'aucun bénéfice social, politique ne soit attribué par droit héréditaire ou divin, par droit de profession ou d'état à des hommes ou à des corps, de manière à ce que tous indistinctement aient un imprescriptible droit à tout par la qualité de citoyen, par le mérite, par le dévouement à la patrie, et enfin de manière à ce que les emplois publics, les fonctions, les places, ne soient donnés qu'à qui l'opinion publique désigne, et ne puisse devenir un moyen de corruption pour son gouvernement; en bannissant de chez elle toute espèce d'intrigue politique ou religieuse, la moindre se cortégeant toujours de quelque chose de funeste; en ne souffrant pas que ses lois laissent ou mettent l'intérêt général dans un contact avec l'intérêt privé, ni qu'elles protègent des partis et abritent leur action ; et enfin en faisant planer sur tout l'action nationale, en nationalisant tout, son action publique, son gouvernement, sa politique, ses lois, l'instruction publique, l'enseignement ne devant jamais être envahi par des prêtres ou par des corps religieux ; parce que si, comme je l'ai dit ailleurs, les prêtres ont un droit de surveillance sur l'instruction, si des corps religieux peuvent s'emparer du monopole de l'enseignement, ils élèveront la génération pour la religion, pour eux et non pour la société; en nationalisant même sa religion : car, dans un état libre, ce n'est que par une continuelle action d'égalité, de nationalisme et de patriotisme que se vitalisent la liberté, l'ordre public, toutes les prospérités, tous les principes de progrès généraux, et même ce véritable esprit religieux qui ne porte atteinte à rien, à aucun droit social, politique, à aucun intérêt, qui conduit à tous les ordres, qui régularise moralement et l'action privée et l'action publique.

Une nation conserve, consolide encore sa liberté, stabilise toutes ses institutions et tous ses ordres sociaux par la paix extérieure. Mais ce n'est que lorsque cette paix lui maintient son rang parmi les nations voisines, lui conserve toute sa prépondérance politique et sa dignité; que lorsque cette paix ne la soumet point à d'o-

néreuses et humiliantes exigences étrangères ; que lorsque cette paix lui assure toute sa liberté extérieure; que
lorsque cette paix n'est point un moyen contre elle, ne
l'énerve point, ne l'affaibit point pour la guerre et ne
la met point dans le cas de ne pouvoir soutenir la guerre
avec honneur et gloire. Si, au contraire, cette même paix
l'entrave à l'extérieur, soumet son intérieur à l'influence
étrangère, lui ôte de sa prépondérance et de son influence
extérieure, la fait descendre de son rang, si elle lui fait
perdre quelque chose de sa puissance, de sa liberté et de
sa dignité, si elle l'énerve et l'affaiblit au dedans ; elle
lui sera toujours fatale; elle compromettra tous ses pré-
sents, lui impossibilisera de brillants avenirs, et par elle
cette nation perdra tout : car, un peuple qui ne vit que
par une paix honteuse et flétrissante est destiné à périr
par la paix.

Je viens de dire qu'une nation pour la conservation et
la consolidation de son entière liberté devait tout nationaliser, même sa religion. Cette dernière pensée peut
être de nature à irriter une foule de bigots chez différents peuples : car pour eux la destruction de tout mo-
merisme religieux, de tout moyen de domination par le
cafardisme religieux est un sacrilége, et pour eux une
religion qui ne donne pas tout aux prêtres, qui ne fait
pas ramper par les prêtres et pour les prêtres, qui ne
commande que la véritable piété de l'ame et du cœur,
n'est rien. Voulant signaler et heurter tout ce qui peut
blesser une nation dans ses intérêts généraux, tout ce
qui entre dans de grands et continuels envahissements
sociaux, tout ce qui attente ou peut attenter à la liberté
des nations, tout ce qui fait planer une grande misère et
une lourde tyrannie sur les peuples; les irritations de
quelques bigots plus hypocrites que pieux, plus fanati-
ques que citoyens, ne m'arrêteront pas, et donnant à mes
pensées et à mes convictions tout l'essor qu'elles deman-
dent, je continue à développer toutes mes idées dans
l'intérêt des populations contre leurs oppresseurs.

Je n'entrerai point ici dans la question de la nécessité
ou de l'innécessité d'une religion dans un état, je ne veux
point quant à présent discuter cette question, je prends
les choses telles qu'elles existent partout, et je veux
même croire qu'une religion est indispensable à un peuple. Mais je dis : si on veut une religion dans un état, il

faut que cette religion agisse moralement sur l'homme et ne fasse que cela, et il faut qu'elle apporte aux peuples une duction sage et modeste qui porte chacun au bien, qui inculque dans l'esprit et le cœur de chacun la conscience de tous les devoirs, de toutes les piétés de bien, qui ne fébrilise ni les esprits ni les imaginations ; parce que les fébrilisant il n'y aura plus action de vertu et de bien, il n'y aura dans la société qu'une hideuse action de fanatisme plus funeste que toute absence de sentiment religieux. Comment une religion pourra-t-elle améliorer les hommes et agir convenablement et utilement sur les esprits ? par le désintéressement, par la modestie des prêtres; par une véritable vertu chez ces mêmes prêtres; en faisant respecter le culte public, en environnant la religion d'une grande considération, considération qui ne pourra être réelle et affective qu'autant que les prêtres de cette religion seront considérés, qu'autant que ces prêtres mériteront et auront le respect et la vénération des peuples. Il faut donc faire honorer la religion par la loi, il faut donc faire aux prêtres une honorable position sociale; mais il faut aussi que la religion et les prêtres soient inhostiles aux peuples. La mission d'une religion est de régner sur les cœurs, mais non sur l'état, et la fonction des prêtres est d'enseigner la morale et non la politique. Autrement, tout est inversé, tout tombe dans la confusion, dans une arène collisionnelle : car, si la religion envahit l'état, si les prêtres entrent dans les intérêts, dans les luttes politiques, il y aura incessant et violent contact des choses, et si la religion et les prêtres rivalisent la politique, l'action politique pour se la subordonner; cette même action politique devant rester dans la haute et générale domination nécessaire à la société devra abattre la religion.

Afin que chez lui tout s'harmonie pour lui, afin qu'aucune autorité, aucune influence étrangère ne vienne ni le dominer ni le troubler, oui, et je le répète, un peuple doit tout nationaliser, même sa religion ; parce que si les prêtres ne sont exclusivement soumis à l'état, n'obéissent exclusivement aux lois de l'état; ils domineront l'état et substitueront leur action à celle de la loi, et ce sera même pour ce peuple un acte de nécessité si la religion professée a pour chef un prêtre étranger à l'état, qui pourra par la religion venir s'immiscer dans les affaires de l'état, qui pourra heurter la volonté nationale, contrebalancer la puissance politique de l'état, décliner le pouvoir du chef de l'état, exiger une soumission, ou au moins une grande condescendance de ce chef, et qui pourra venir apporter des embarras d'action à l'état et au chef de l'état. Une religion telle qu'elle soit exerce toujours une grande influence sur les masses, surtout quand elles sont inéclairées par l'instruction et l'éducation, ou quand elles sont ingénéralement éclairées, surtout quand des personnages influents entrent dans la spéculation des prêtres par intérêt, faiblesse ou fanatisme. Et si une religion par ses prêtres, ou si desprêtres par la religion, peuvent commander à l'action politique de l'état, peuvent restreindre ou étouffer la liberté pour asseoir leur domination, pour subjuguer une nation, ils le feront, dussent-ils faire déconsidérer cette religion ou anéantir cette même nation : et un peuple n'évitera jamais cette domination et cette subjugation si la religion reste ou devient moyen, si par la religion les prêtres ont une influence prépondérantielle, exercent une puissance sociale affranchie de la responsabilité civile, et si ces prêtres sont soumis à un prêtre étranger, doivent prendre ailleurs que dans l'état leur ordre et leur impulsion d'action ; parce qu'alors ils ne peuvent plus être exclusivement citoyens de l'état, ils ne peuvent plus être exclusivement à la patrie et n'en seront que les bouleversateurs pour en devenir les oppresseurs.

On me dira peut-être que nationaliser une religion c'est la dédiviniser ; je répondrai : une religion qui rend le prêtre citoyen, qui le soumet exclusivement en tout et pour tout aux lois de l'état, qui lui impose avant tout les devoirs de citoyen, toutes les responsabilités de citoyen, qui l'attache exclusivement à la patrie, ne se dédivinise jamais et loin de là, car elle accomplit une mission divine, de haute morale et d'honneur : une religion qui a son chef dans l'état, qui ne contraint point les peuples à se soumettre, à obéir par conscience à un prince, à un chef, à un prêtre étranger ne se dédivinise pas, et un peuple qui prie Dieu, qui louange Dieu dans son idiome naturel, qui se sert de son langage national pour invoquer Dieu ne dédivinise point sa religion ; car alors la religion elle-même rattache plus, et plus naturellement les hommes à la divinité, parce qu'elle se régnicolise et

devient un besoin naturel des consciences et des cœurs :
une religion qui entre dans tous les besoins sociaux sans
rien heurter dans la société, qui s'harmonie avec tous
les ordres publics et n'entrave jamais leur action, qui
contribue à pondérer nationalement et libéralement toute
la grande action sociale, de patriotisme, qui vient apporter à la liberté d'un peuple tous les appuis de son influence ne se dédivinise pas : une religion qui affranchit
un peuple d'une prépondérance, d'une impérieuse et innationale autorité étrangère, ne se dédivinise pas ; une
religion qui ordonne à ses prêtres tous les actes de patriotisme, de citoyenneté, qui n'impose à ses prêtres
qu'une mission de moralité, d'humanité, d'action de bien,
qu'une mission d'enseignement des beaux, des indispensa-
bles devoirs de la vie, qui leur interdit toute action opposée à cette belle, si utile et si protégeante charité,
toute action opposée à celle de désintéressement et de
paix ne se dédivinise pas ; et avec tous les propres que je
viens de donner à la religion, propres qui lui sont indis-
pensables, elle a toujours un caractère d'indédivinisa-
tion ; parce qu'elle porte avec elle un esprit, une marche
d'ordre et de perfection qui lui mérite toute la vénération publique. Une religion ne se dédivinise et ne devient objet de mépris pour les hommes et les peuples,
que lorsque son action est faussée par ses prêtres, que
lorsqu'elle est tyrannique et persécutante par ses prêtres, que lorsqu'elle sert de prétexte pour les grands envahissements sociaux de ses prêtres, que lorsqu'elle est
pour ses prêtres moyen de satisfaction d'ambition et de
cupidité, que lorsque ses prêtres la font sortir de sa sim-
plici'é, de sa modestie naturelle pour la faire entrer dans
la théâtralité, pour la faire entrer en rivalité avec les
luxes et les vanités du monde, de manière à ce qu'elle ne
soit plus qu'un aliment à la curiosité, à la légèreté, à la
frivolité ; que lorsque ses prêtres font abus d'elle-même
pour charlataner, pour tromper les peuples et les subjuguer, que lorsque les prêtres la déshonorent par leur
avarice, par leur orgueil, par leur immoralité, par leur
implacabilité, par leurs vices et par leurs crimes ; que lorsqu'elle abrite la turpitude et la mésaction de ses prêtres,
leurs attentats contre les princes, contre les gouvernements et contre les sociétés ; que lorsque par ses prêtres
elle divise et sépare les intérêts sociaux, les met en con-

tact pour les dominer et s'emparer de tout; et que lors-que par ses prêtres elle fait planer sur un peuple des divisions domestiques et publiques, les brandons de la discorde, les torches de la guerre civile ou religieuse pour fonder et consolider un tyrannique sacerdocratisme.

Si, comme l'histoire le montre et le prouve par chacune de ses pages, les prêtres de telle religion que ce soit avec possibilité et pouvoir de faire, ont souvent été plus funestes pour les peuples que les plus mauvais et les plus méchants princes ; si la religion est pour les prêtres un moyen de subjugation et de tyrannie ; si les prêtres, par une continuelle mésaction de corps, dédivinisent et dégradent une religion ; si par l'influence que leur donne la religion et si par esprit de corps, des prêtres envahissent tout dans l'état et bouleversent tout dans une société; si par le ciel et au nom du ciel ils peuvent déchirer la terre ; si par la religion les prêtres abusent à leur profit de la croyance et de la docilité des peuples, de leur vénération pour la religion ; si par la religion les prêtres veulent satisfaire d'insatiables ambitions, s'ils entrent dans une continuelle et terrible avidité de tout, s'ils flétrissent les peuples, s'ils se font inimiser; il y a nécessairement un vice dans l'institution religieuse, dans son organisme, dans la composition du corps ecclésiastique et dans ses moyens d'action. Et où est ce vice ? dans l'innationalité de la religion, dans l'innationalité du corps ecclésiastique, innationalité qui frappe tout, et les peuples et la religion et le corps ecclésiastique; parce que cette innationalité travestit tout, fausse organiquement tout, permettant et appelant même l'action d'une domination étrangère, d'ambitions et de passions étrangères qui subordonnent tout à leurs vouloirs, permettant et appelant même l'action d'égoïsmes individuels, d'intérêt privés contre l'intérêt général, et substituant le charlatanisme, l'abus, l'avidité, les envahissements sociaux, la domination sociale, l'intolérance religieuse, la persécution et la forfaiture au grand intérêt général, aux mœurs nationales, aux vrais devoirs religieux, a la sincère et moralisante piété. Pour les peuples, pour la religion et pour le prêtrisme lui-même, l'action religieuse doit donc être nationale en tout et avant tout; car tous les beaux ordres, toute durée de religion, toute liberté

religieuse, toute paix et toute tranquillité religieuse,
tout inenvahissement religieux, toute inatteinte à l'im-
privilége, et toute incollision religieuse, ne sont que dans
la nationalité de la religion et que dans le citoyennisme
des prêtres, nationalité et citoyennisme sans lesquels
plane sur la société un grand et trop dominant sacerdo-
talisme et sans lesquels tout rampe sous la plus intolérante sacerdotalité; car si à côté d'une grande et active
nationalité politique on laisse agir une grande et puis-
sante action d'innationalisme religieux, cette dernière
action qui militera par d'immenses influences, par son
empire sur les consciences, finira toujours par écraser la
première, chaque chose se détruisant par ses opposés:
et la société sera envahie par le prêtrisme, et la nation
finira par tomber sous le tyrannique arbitraire du théo-
cratisme, sous un rouerisme religieux toujours pire que
celui politique, se dépravant toujours de plus en plus
par sa propre œuvre lorsqu'il domine ou rivalise l'action
politique ou sociale.

Dans tel état que ce soit et n'importe le culte de cet état,
si la religion n'est pas nationalisée, si elle n'a pas un
caractère éminemment national, elle luttera l'action gouvernementale et voudra la dominer, deux grands principes
sociaux, deux grandes actions sociales en contact ne pouvant rester en présence sans que l'un domine l'autre, sans
que l'un ne dérive de l'autre et lui soit soumis. Si le
clergé est et reste soumis à un pouvoir, à une puissance,
à une influence, à une action étrangère que le prince,
les gouvernants et les peuples de l'état doivent respecter
et craindre même; si les prêtres ont une action indépendante que les lois de l'état ne puissent ni surveiller ni
régulariser en tout, et si ces mêmes prêtres ont par leurs
fonctions, par leur influence, des possibilités pour leur
amour propre, pour leurs intérêts personnels et de corps;
si par le moyen d'un fanatisme religieux, si par la puissance de force ou d'opinion du chef étranger auquel
obéissent ces mêmes prêtres, ils peuvent se faire craindre, ils peuvent en quelque chose imposer leur autorité,
leur omnipotence; ils pourront toujours trop, et leur action sera toujours funeste à la société: parce que ces
mêmes prêtres braveront et les lois et les puissances de
l'état, parce que ces mêmes prêtres encore ne modifieront
ni ne limiteront jamais ni leur ambition ni leurs enva-

hissements, ni leur avidité, seront toujours insatisfaits de ce qu'ils possèdent, voudront toujours plus au risque de tout perdre et au risque d'amener dans l'état des embarras religieux et politiques, des troubles, des collisions religieuses et anarchiques. Et je dis aux peuples et aux rois : tant que les prêtres de telle religion que ce soit auront une grande influence sur vous et dans vos gouvernements, ils vous sacrifieront, non à la religion qui n'est pour eux que moyen ; mais à leur intérêt, à leur orgueil, a leur égoïsme, et tant que par votre aveugle crédulité, par votre condescendance et votre faiblesse ils pourront tout ou beaucoup par le ciel, ils bouleverseront la terre.

Mais en nationalisant une religion, on ne doit point toucher aux croyances fondamentales de cette religion, et des réformes religieuses ne doivent être opérées qu'en ce qui concerne les croyances organiques, qu'en ce qui en rend l'organisme vicieux, l'action vicieuse, qu'en ce qui blesse, heurte le droit, l'intérêt politique, social, qu'en ce qui amène l'intolérance et la tyrannie sacerdotale, les abus, les envahissements et la mésaction des prêtres. Autrement la réforme pourrait n'être qu'un renversement d'ordre, qu'un tyrannisme heurtant la raison, les consciences et les esprits.

Si on me demande comment une religion se nationalise, je répondrai : Une religion se nationalise lorsqu'elle apprend aux hommes à aimer la patrie, lorsqu'elle les élève pour la patrie, lorsqu'elle les porte avant tout à se dévouer à la patrie, lorsqu'elle ne heurte, ne blesse ni n'entrave en rien la nationalité, l'action nationale, tous les intérêts généraux, tous les progrès d'un peuple, inacceptionnant tout ce qui s'élève contre eux sous le prétexte d'intérêt divin, et en les conservant comme droit public, comme toujours licites ; lorsqu'elle ne primitise point le devoir religieux au détriment de celui national, domestique, de famille, et qu'au contraire elle l'imprimitise ; lorsqu'elle ne fait que planer sur les consciences pour les éclairer et non pour les égarer et les contraindre, et non pour les faire entrer dans des intérêts, dans des intrigues, dans des partis ayant pour objet le renversement de lois, d'institutions sociales libérales, de prince, de gouvernement, l'élévation d'une exclusive domination religieuse ou d'une domination politique liée à celle religieuse :

Elle se nationalise par la permanente action de la loi qui l'autorise, qui seule la protège, qui interdit toutes les effervescences religieuses, qui poursuit et punit tous les abus religieux, tous les actes de fanatisme pouvant troubler l'ordre public et la sécurité individuelle ; par les ininfrations des réglements civils, et lorsqu'elle les respecte tels qu'ils soient et tels qu'ils se succèdent dans le grand intérêt social et politique ; par les devoirs de citoyens imposés aux prêtres, et en les considérant comme des magistrats dans l'état avec tout l'honneur et toute la considération attachés à ce titre ; par l'attachement et le dévouement des prêtres à la patrie, et en faisant sortir les prêtres de ce continuel militantisme religieux contre l'ordre civil et politique qui expose la religion au mépris public et la rend objet de la réprobation des peuples :

Et enfin elle ne se nationalise que lorsqu'elle n'a pas pour chef un prêtre étranger qui, par elle et en son nom, vient faire planer sa puissance dans l'état, qui apporte des oppositions, des luttes continuelles, le désordre dans l'état, qui impose son autorité, son pouvoir au prince, aux gouvernants et aux peuples, qui fait de ses prêtres un corps séparé dans l'état, qui donne à ses prêtres une action sociale, indépendante, despotique dans l'état, qui détruit la liberté religieuse dans l'état, et qui apporte dans cet état la tyrannique intolérance sacerdotale.

Mais une religion ne se nationalisera jamais franchement, elle deviendra toujours un brandon de discorde, elle sera toujours une cause et une action de trouble dans l'état, si dans l'état elle fait vénérer un pouvoir étranger et si elle place l'intérêt, la puissance d'un chef étranger au-dessus de l'intérêt de l'état, au-dessus du chef de l'état ; parce qu'alors le pouvoir religieux et celui politique, national, seront dans un continuel contact ; et de ce contact naîtront les querelles religieuses et politiques, les plus violentes divisions, tous les désordres anarchiques ; et la patrie sera déchirée ou asservie, et tous les beaux sentiments de l'humanité ne seront plus dans les mœurs publiques ; car les peuples ne seront plus habitués qu'aux sanglances que commandera le fanatisme.

Si on examine le monde dans son entier, on remarquera que, par rapport à la religion, le bien plus grand nombre des états repousse l'action d'un prêtre, d'un chef étranger, et pourtant

ces nombreux états n'en sont pas moins protégés par le ciel ; et
on remarquera que le petit nombre d'états qui , par la religion,
appellent chez eux l'influence, l'autorité étrangère, ont toujours
été les plus tourmentés , les plus déchirés par la religion , par
les prêtres , par les guerres religieuses. Pourquoi cette diffé-
rence de résultat? C'est parce qu'une influence religieuse étrangère, c'est parce qu'un pouvoir religieux étranger n'entrent que
dans ses intérêts , n'a pas de tendances nationales , blesse,
heurte , sacrifie tout ce qui lui résiste ; et c'est encore parce
que les prêtres d'une religion qui n'a pas son chef dans l'état,
n'ont pas d'esprit national obéissant principalement à un pouvoir étranger , ne sont que de parasites sangsuceurs, que d'al-
tiers dominateurs qui usent tout, qui font tout plier sous leur
orgueil et leur intolérance par leur obéissance à un chef etran-
ger, et qui sacrifient tout, état, prince, peuple à leur inflexible
omnivolonté par l'action-même de ce chef, de ce pouvoir étranger. Et je le répète , la religion et les peuples ont besoin que
les prêtres obéissent en tout à l'opinion publique et à l'intérêt
général et les respecte, que les prêtres ne prennent leur impulsion d'action que dans l'état, que les prêtres ne sacrifient
point l'état à leur avidité, à leur égoïsme, à leur ambition et à
eur orgueil, qu'ils ne fassent pas dans l'état corps opposé à l'é-
tat, et que le clergé ne puisse devenir puissance sociale et politique prépondérante dans l'état, ce qui ne s'obtiendra qu'en
nationalisant la religion, qu'en affranchissant l'état d'une influence religieuse étrangère, d'un pouvoir religieux étranger.

Revenant à la générale action nationale qui, chez un peuple
libre, est indispensable, je dis : une nation possédant sa liberté,
ne crée, ne forme et n'érige un gouvernement que pour elle,
que pour ses propres besoins, et il est dans le droit naturel de
chaque peuple d'adopter telle forme gouvernementale qu'il juge
convenable, sans que ni prince, ni gouvernants puissent changer
ou modifier cette forme sous peine de renversement ; et si par
le prince, ses ministres ou tous autres gouvernants, il y a chan-
gement, modification, altération dans cette forme sous tel prétexte que ce soit, sans l'assentiment national, ils encourent
aussitôt la plus sévère, la plus intolérante et la plus implacable
vindicte des peuples, et ces mêmes peuples doivent entrer
contre eux dans la résistance la plus spontanée, la plus active

et la plus vengeante. Dès-lors il faut que ce gouvernement n'a_
gisse que pour et au profit de la nation, de sa liberté ; il faut
qu'il ne dévie jamais et en rien à son profit de la constitution ou
charte, ni des lois, il faut qu'il respecte et vénère l'action nationale en tout selon qu'elle est établie par le pacte qui lie la
nation au gouvernement ; il faut qu'il soit toujours avec la volonté générale, qu'il ne la heurte jamais et qu'il ne soit impulsé
que par elle. Autrement , ce même gouvernement n'agit que
pour lui contre la nation, il attente à la liberté, et alors il mérite la réprobation nationale et la nation doit le renverser par
tous les moyens, doit entrer en révolution contre lui, ou elle
tombe petit à petit ou tout à coup sans l'absolutisme.

Je viens de dire qu'un peuple a droit d'adopter telle forme
gouvernementale qui lui convient. Rien ne peut lui ravir légiti-
mement ce droit national, pas même le droit divin qui n'est jamais qu'un droit abusif des prêtres et obtenu par des crimes ,
qui n'est jamais que l'hypocrite moyen d'envahissement des
prêtres d'une religion dominante , et dans tout état civilisé ce
droit divin doit toujours disparaître devant le droit national, le
droit des peuples étant tout et l'unique ; et si vrai, c'est que
partout où il y a action de droit divin , on ne voit qu'une ation
d'égoïsme, d'ambition et d'orgueil des prêtres.

Si un peuple se place sous un gouvernement monarchique
constitutionnel représentatif, le prince ne doit jamais cesser de
s'incliner devant l'action nationale, ne doit jamais interpréter
à son profit, mais au profit de la nation seule les articles de la
constitution ou charte, doit entrer dans la volonté générale,
dans toutes les conséquences de liberté, d'action de liberté,
découlant des bases de la constitution et des lois, dans toutes
les exigences de la volonté nationale : et si un roi constitutionnel ou ses ministres heurtent cette volonté, s'ils refusent toutes
les grandes extensions de principes libéraux auxquels la nation a
droit par le pacte national qui la lie à la monarchie constitutionnelle, elle doit annuler ce pacte. Un roi constitutionnel a
toujours de grands intérêts privés. Mais s'il met ces intérêts
en contact avec ceux généraux et nationaux, il y aura lutte entre le monarchisme et le démocratisme; et dans ce cas la nation doit apporter contre le monarchisme toutes les plus per-
sévérantes et toutes les plus énergiques résistances; elle doit

même sans hésiter entrer en révolution contre le prince : car, si elle souffre à ce prince la moindre atteinte à son droit, à sa liberté, à l'action nationale, elle perdra tout et le prince lui imposera bientôt son despotisme.

Toute action privée, publique, a pour base la morale, ou cette action est méfait, crime. La vie privée a ses bases morales dans lesquelles maintiennent le sentiment de bien, la conscience, les convenances, l'amour propre, l'honneur, la gloire et toutes ces hautes considérations qu'avec raison les hommes envient. Pour un roi, pour un gouvernement constitutionnel, la morale base d'action, c'est la conscience et la fidélité du devoir, c'est la franchise, la loyauté, la constitutionnalité, la nationalité, la patrioticité d'action ; et leur action est immorale et se stigmatise si elle lèse, blesse, mécontente la nation; si elle s'inharmonie avec le besoin public, avec l'exigence nationale. Un peuple libre n'érige point un gouvernement constitutionnel, pour que ce gouvernement puisse se placer à son gré au-dessus de la nation, au-dessus de l'action nationale et de la volonté générale, puisse comprimer et avilir la patrie ; mais pour leur obéir, mais pour protéger par les lois toute l'action de liberté, mais pour accueillir tous les vœux de la nation, mais pour faire planer le libre-arbitre national : et si ce gouvernement constitutionnel agit autrement et est en permanente hostilité contre la nation, les peuples alors doivent sauvegarder leur droit public, l'action nationale, par le renversement de ce gouvernement. Un gouvernement monarchique constitutionnel représentatif doit continuellement abjurer tous intérêts privés, et pour l'intérêt général il ne doit pas seulement rester dans la littéralité de la constitution ou charte, il doit encore entrer franchement et loyalement dans le cercle des réformes, des améliorations, des extensions des droits publics, d'action publique, que commande l'esprit de la constitution ou charte, que commandent le besoin et l'esprit publics : et si ce gouvernement refuse ces réformes, ces améliorations, ces extensions, il y a de sa part abjuration de mission constitutionnelle, tendances à l'absolutisme, et la nation doit lui refuser tous ses concours, doit le renverser

De ce que j'ai dit et répété fréquemment qu'un peuple devait renverser son gouvernement, devait entrer dans les voies révolutionnaires contre son gouvernement ; il n'en faut pas conclure que je veuille qu'un peuple soit en hostilité continuelle contre le prince ou les gouvernants par de trop vétilleuses susceptibilités, pour de légers mécontentements qui peuvent naître de difficultés subites et qui sont quelquefois insaisies, et que continuellement il entrave sa marche ou impossibilise son action : car s'il en était ainsi il n'y aurait plus possibilité de gouverner et une nation serait constamment dans l'anarchie. Une nation ne doit se révolutionner contre son gouvernement et le renverser que lorsqu'il y a persistance de ce gouvernement dans le méfait, que quand ce gouvernement heurte le besoin et le droit publics, que quand ce gouvernement compromet ou sacrifie les hauts intérêts du pays, le présent et l'avenir de la nation, son indépendance, sa liberté, et quand il se livre soit par la force, soit par la corruption, à des attentats contre l'action nationale, contre l'intérêt général, contre cette indépendance et cette liberté. Un peuple ne devra donc entrer dans les résistances de la force contre son prince, contre son gouvernement qu'après avoir usé tous les moyens de résistance morale, que lorsque ce prince, ce gouvernement, auront opiniâtrement dédaigné, méprisé cette résistance morale, que lorsqu'ils font craindre le despotisme et la tyrannie, et que lorsqu'ils repoussent et bravent l'opinion publique.

Les révolutions sont quelquefois les écueils des peuples; mais quand les gouvernements les nécessitent, les peuples ne doivent plus transiger avec eux sous peine de subir les jougs du despotisme, de la tyrannie, et la grande justice nationale doit avoir son cours. D'ailleurs telle puisse être pour un peuple la funesteté d'une révolution, elle n'égalera jamais celle d'un mauvais gouvernement, d'un gouvernement qui compromet l'honneur, la dignité, la gloire et les intérêts du pays, d'un gouvernement corrupteur, d'un gouvernement de mauvaise foi.

FIN.

Imprimerie de Pollet et Cie, rue Saint-Denis, 280.

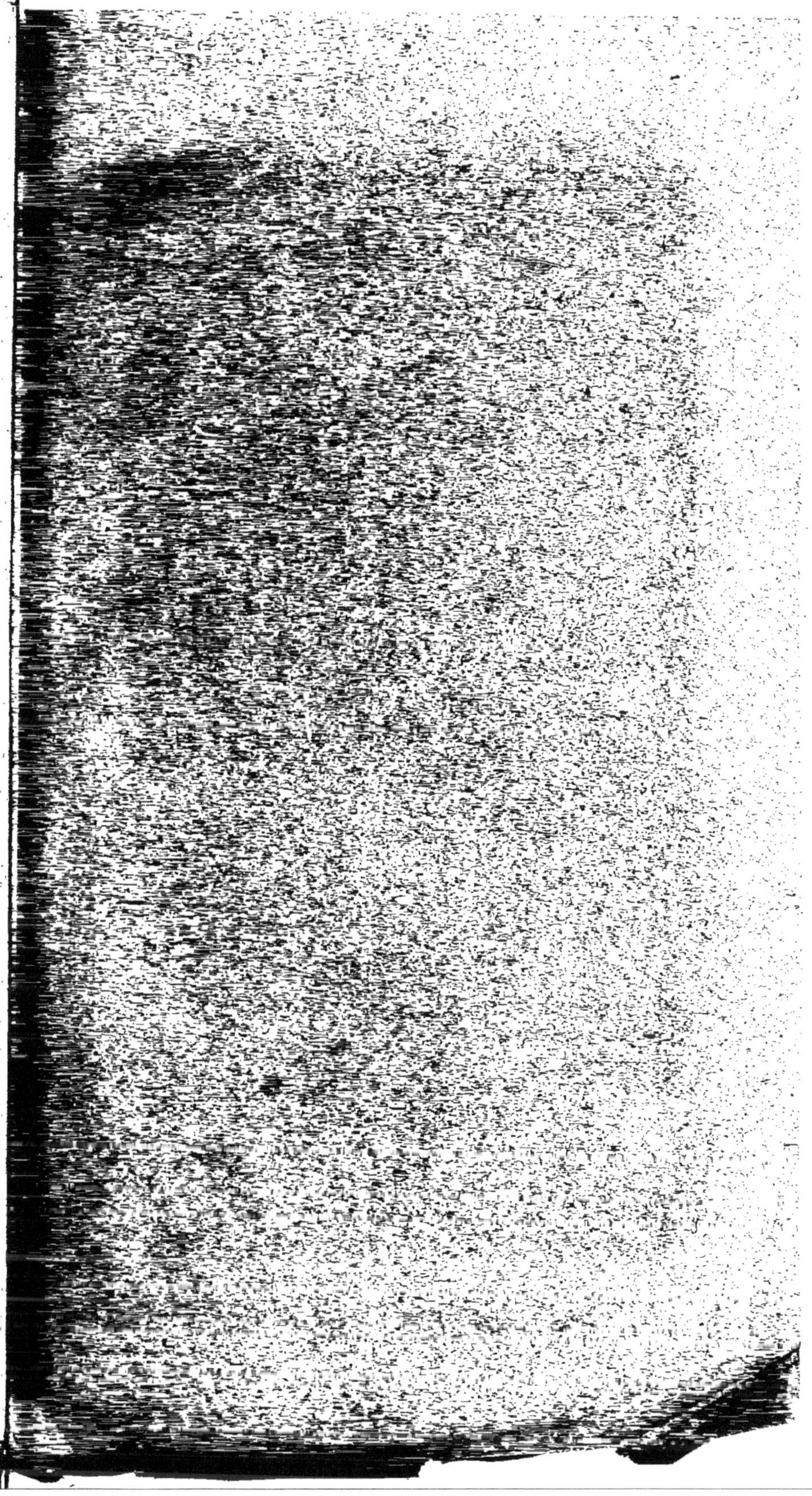